Tc^{40}_{23}

DES

DIFFÉRENTES SORTES D'ACCIDENTS

CAUSÉS PAR LES VERTS ARSENICAUX

EMPLOYÉS DANS L'INDUSTRIE,

Rapport présenté à la Commission d'hygiène et de salubrité du 5ᵉ arrondissement,

PAR M. LE DOCTEUR BEAUGRAND,

SOUS-BIBLIOTHÉCAIRE A LA FACULTÉ DE MÉDECINE.

———— ◦ ————

PARIS

TYPOGRAPHIE DE HENRI PLON,

IMPRIMEUR DE L'EMPEREUR,

RUE GARANCIÈRE, 8.

——

1859.

DES
DIFFÉRENTES SORTES D'ACCIDENTS

CAUSÉS PAR LES VERTS ARSENICAUX

EMPLOYÉS DANS L'INDUSTRIE.

Les verts arsenicaux nous viennent de l'Allemagne ; ils sont assez nombreux, et consistent en combinaisons diverses de l'acide arsénieux avec l'oxyde ou l'acétate de cuivre ; tels sont les verts de Scheele , de Schweinfurt, de Braunschweig, de Neuwied, le mitisgrün, etc. En France, on ne connaît guère que les deux suivants :

1° *Le vert de Scheele* ou *arsénite de cuivre* , découvert dans le siècle dernier par le célèbre chimiste dont il porte le nom. On le prépare en précipitant un sel de cuivre par un arsénite alcalin.

2° *Le vert de Schweinfurt,* sel double d'*arsénite et d'acétate de cuivre,* découvert à Schweinfurt en 1814 par Rulz et Sattler ; il n'a été scientifiquement connu en France que depuis 1829 , par les notes de Braconnot (*Ann. de phys. et de chim.*, t. XXI, p. 53.), et de Liebig (*Ibid.*, t. XXIII , p. 412). On l'obtient en mêlant les dissolutions bouillantes d'acétate de cuivre bibasique et d'acide arsénieux.

Ces deux verts, d'une belle nuance , sont très-usités dans les arts, et surtout dans l'industrie des papiers peints. En leur qualité de sels arsenicaux, ils sont doués de propriétés toxiques qui ont depuis un certain temps attiré l'attention des observateurs. Leur action nuisible peut s'exercer de trois manières différentes :

1° Quand ils sont ingérés directement dans les voies digestives (*intoxication de forme aiguë*) ;

2° Par leurs émanations ou leurspoussières introduites dans les voies respiratoires (*intoxication de forme chronique*) ;

3° Par leur contact avec la peau (*éruptions variables*).

1° *Effets des verts arsenicaux sur l'économie par suite de leur introduction dans les voies digestives.*

Les verts arsenicaux introduits dans les voies digestives produisent des empoisonnements tout à fait semblables à ceux des autres composés arsenicaux ; c'est ce que démontrent : l'excellent travail de MM. Chevallier et Duchesne (*Ann. d'hygiène*, 2e série, t. II, 1854), dans lequel ces auteurs ont rassemblé plusieurs faits d'intoxication par diverses substances, bonbons, etc. , colorées avec le vert arsenical ; le rapport du docteur Martini, de Wurzen, sur l'empoisonnement d'un grand nombre d'enfants d'un même village qui avaient mangé de petites figures en pain d'épices coloré (*Ver. der Zeitschr. f. st. a. k.* VIII, 2, 1850 , et *Schmidt's Jahrb.*, t. LXXI, p. 357); une observation du docteur Schultz-Henke sur un enfant empoisonné pour avoir sucé un grain de verre ainsi coloré (*Pr. ver. Zeitschr.* , 18, 1854 , et *Schmidt's Jahrb.*, t. LXXXIII, p. 173); les faits cités à plusieurs reprises par le savant professeur Alf. S. Taylor, et ses plaintes réitérées sur le silence de la législation anglaise relativement à la vente des poisons (*British and Foreign med. chir. rev.*, t. XVIII, p. 551, 1844, et *Guy's Hospit. rep.*, 2e série, t. VII, p. 218, 1851). C'est ce qu'a surtout démontré le docteur Meurer (*Casper's Wochenschr.*, n° 40, 1843) dans une série d'expériences sur les animaux vivants. Le vert de Schweinfurt, à la dose de 10 et même de 5 grains, a empoisonné des lapins dans l'espace de six heures , et l'arsenic seul a été retrouvé dans le foie; il n'y avait pas de traces de cuivre. Un chien , auquel on donna d'abord 10 grains, puis 20, fut sauvé par des vomissements. Un autre chien, moins robuste, succomba après l'administration d'une dose de 5 grains. Ici encore le foie ne renfermait que de l'arsenic. Mêmes résultats avec le vert de Scheele. Des expériences comparatives ayant été faites avec un sel plombique, le chromate de plomb (jaune-orange), un lapin put prendre chaque matin, pendant treize jours, 10 grains de ce sel sans autres symptômes qu'un amaigrissement progressif. L'animal fut mis à mort le treizième jour.

Suivant M. Meurer, les arsénites de cuivre sont promptement mortels par suite de leur rapide décomposition dans l'estomac et de la mise à nu de l'arsenic. Le cuivre, loin d'ajouter à la gravité de l'empoisonnement, tendrait plutôt à l'atténuer en raison de ses propriétés vomitives. Quant aux observations relatées plus haut, et qui ont presque toutes des enfants pour sujets, il est à remarquer que la guérison eut lieu, dans la plupart des cas, soit à cause de la faible quantité du poison ingéré, soit par le fait de vomissements qui se déclarèrent très-rapidement, dans certains cas au bout de quelques minutes après l'ingestion.

2° *Effets produits par les émanations ou les poussières arsenicales provenant des peintures ou des papiers de tenture dans les appartements.*

Le vert arsenical employé en peinture dans les appartements ou étendu sur les papiers de tenture peut-il donner lieu à des émanations susceptibles d'altérer la santé des personnes qui habitent ces appartements ?

Cette question a été sérieusement étudiée et controversée en Allemagne d'abord, puis tout récemment en Angleterre.

L'éveil fut donné, en 1839, par Gmelin (*Carls. Zeit.*, nov. 1839) et Chevallier (*Ann. d'hyg.*, t. XXXVIII, p. 77).

Quelques années après, un médecin prussien fort distingué, M. Basedow, en fit l'objet de deux mémoires très-remarquables. Dans le premier, l'auteur rapporte plusieurs exemples d'empoisonnements véritables observés chez des personnes qui avaient occupé des chambres peintes ou tapissées au vert arsenical. (*Preuss. ver. Zeit.*, n° 10, 1846.) Dans le second, il examine les résultats d'une enquête provoquée en Prusse par ses premières observations, et les faits nombreux et confirmatifs signalés dans cette enquête justifient la mesure prise par le gouvernement prussien de proscrire cette couleur toxique dans la décoration des appartements. (*Casper's Wochenschr.*, 27, 28, 1848.)

Des observations analogues sont faites en Suède par MM. Carlson et Malmsten, et bientôt après paraît un rapport du collége de santé de Stockholm, qui conclut à l'interdiction des peintures et tentures au vert arsenical. (*Schmidt's Jahrb.*, t. LXXII, p. 144, 1851, et *Canstatt's Jahresb.*, VII, p. 60, 1854.)

Enfin de nouveaux faits, suivis de prescriptions particulières, ont été publiés dans différentes parties de l'Allemagne. C'est ainsi qu'aux faits de Basedow sont venus se joindre ceux d'Hoffmann et d'Acherson (Deutsch *Klinik*, 26, 1852), de Birkmeyer, de Nuremberg, l'un des rédacteurs du journal de Canstatt, qui a observé des accidents par cette cause dans sa propre famille (*Canstatt's Jahresbericht*, 1854, VII, 60), etc.

Depuis lors l'usage des papiers colorés par le vert de Scheele ou de Schweinfurt s'étant répandu en Angleterre, des cas semblables à ceux qu'avaient signalés les médecins allemands ont été publiés dans divers recueils.

Le docteur Hinds, de Birmingham, en a relaté trois, dont un observé sur lui-même. (*Med. Times and Gazette*, 1857, t. I, p. 177 et 520.) M. Halley en a publié un dont il est aussi lui-même le sujet. (*Ibid.*, 16 janvier 1858.) M. Whitehead en a également fait connaître un exemple. (*British med. journ.*, 25 sept. 1858.)

Ces premières publications donnèrent lieu à des débats très-animés, auxquels prirent part, outre le docteur Halley, MM. Dugald Campbell, A. Taylor, Phillips, Abel, etc. Nous y reviendrons plus bas.

Il nous faut maintenant montrer, à l'aide de quelques-unes des observations recueillies en Allemagne et en Angleterre, quels sont les phénomènes propres à l'intoxication chronique déterminée par la couleur verte des appartements.

Voyons d'abord les faits empruntés au docteur Basedow.

Obs. I. — Un chef de famille, occupant une pièce tapissée avec un papier au vert arsenical, se plaignait souvent de douleurs erratiques dans le cou et dans la poitrine, d'une toux sèche, et de faiblesse générale ; il maigrissait sans qu'aucun signe stéthoscopique rendît compte de cet état. En mai 1843, il fut obligé de s'aliter ; il était atteint d'une dyssenterie avec selles sanguinolentes, et d'une faiblesse paralytique des membres inférieurs. Après la réparation de son appartement, il souffrit encore pendant quelque temps de douleurs rhumatalgiques ; sa vue était affaiblie, et il conserva longtemps un teint terreux.

Chez sa femme, il se développa des accidents semblables du côté de la poitrine, avec amaigrissement, accélération fébrile de la circulation, qui firent craindre une phthisie.

Enfin deux enfants, l'un de six, l'autre de huit ans, éprouvèrent les phénomènes déjà décrits ; ils avaient de plus des douleurs dans les yeux, à la gorge, au cou, à la poitrine, dans le trajet de la colonne vertébrale ; sans le moindre écart de régime, ils étaient souvent pris de vomissements, de diarrhée. Après que l'appartement eut été restauré, ces accidents disparurent ; divers troubles nerveux persistèrent seuls.

Obs. II. — Une famille habitait depuis six ans une petite chambre peinte au vert arsenical. La femme, auparavant bien portante, souffrait depuis cette époque, et presque sans interruption, de douleurs pseudo-rhumatismales à la région occipitale, le long du rachis et aux membres ; elle était arrivée à un état d'épuisement extrême. Dans le cours de la troisième année, elle s'é ait alitée avec les symptômes d'une affection grave de la moelle épinière, et pendant longtemps elle resta avec une parésie des membres inférieurs. Un séjour aux bains de Lauchstädt amena la disparition de ces désordres ; mais ils reparurent à son retour dans son logement. Les deux li's, l'un de huit ans, l'autre de douze, étaient pâles, souffreteux, chétifs ; tandis que le père, qui travaillait toute la journée dans un bureau, se portait très-bien.

Obs. III. — Une jeune femme, délicate, qui se plaignait, sans garder le lit à la vérité, de symptômes anesthésiques du côté de la colonne vertébrale, de douleurs dans la poitrine, de fatigue pour la moindre cause, avait passé l'été de 1845 soit aux bains de mer, soit à la campagne, et sa santé était revenue. Cette femme avorta à trois mois, et

Basedow reconnut que sa chambre à coucher était peinte au vert arsenical, et que l'odeur d'arsenic s'y dégageait fortement. (Basedow, Ier *Mémoire.*)

Passons actuellement aux faits observés en Angleterre.

Obs. IV. — « En 1849, dit M. Hinds, je fis tapisser mon cabinet de travail avec un papier très-élégant offrant deux nuances de vert. Deux ou trois jours après que la chambre eut été décorée, je m'y installai, et je me mis à lire vers le soir à la lumière du gaz qui éclaire ce cabinet. Au bout d'une heure ou d'une heure et demie environ, je fus pris d'un grand abattement, avec nausées et envies de vomir ; il s'y joignit des douleurs vives dans l'abdomen avec un sentiment de faiblesse qui m'obligea de suspendre mon travail. La même chose se reproduisit plusieurs fois de suite, la porte étant fermée et le gaz allumé, et après que j'avais séjourné une couple d'heures dans le cabinet. » M. Hinds ayant remarqué cette circonstance, que les phénomènes se dissipaient peu à peu, sauf un sentiment de faiblesse et une gêne à l'estomac, dès qu'il avait quitté cette pièce, en vint à soupçonner le papier vert ; il le gratta avec son canif, et ayant examiné la poudre ainsi obtenue, il reconnut la présence de l'arsenic. Le papier fut enlevé, et il n'éprouva désormais plus rien de pareil. L'ouvrier qui plaçait le papier lui assura qu'il était indisposé toutes les fois qu'il collait un papier pareil.

Obs. V. Au commencement de l'année, dit encore M. Hinds, un gentleman, demeurant au centre de Birmingham, avait fait tapisser deux salons avec un papier vert. Moins d'une semaine après il tomba malade, sans pouvoir en soupçonner la cause. Lui et sa femme se tenaient habituellement dans l'une des deux chambres, à la lueur du gaz, les jours étant alors fort courts. Or, précisément dans le même temps, sa femme tomba malade de la même manière, et fut obligée de garder le lit. Les accidents dont ils se plaignaient étaient une dépression des forces, de la céphalalgie, un état fébrile, l'inflammation des conjonctives, de la soif, de l'anorexie, de la chaleur et de la sécheresse à la gorge, etc. Mais l'inaptitude aux mouvements et la perte des forces étaient les symptômes dominants.

Non-seulement ces deux personnes furent indisposées, mais un perroquet qui perchait dans la même chambre que ses maîtres tomba malade ; il était altéré, languissant, abattu, refusant la nourriture. Après deux ou trois semaines de malaise, le gentleman alla passer huit jours à Ramsgate, et revint très-bien portant. Sa femme, qui était restée chez elle, n'allait pas mieux. Mais deux jours après son retour, les accidents reparurent. C'est alors qu'instruit par un ami commun de ce qui était arrivé à M. Hinds, il fit enlever le papier, et sa femme et lui recouvrèrent la santé. (M. Hinds a examiné ce papier ; il était velouté, et renfermait beaucoup d'arsenic.)

Voici encore un fait très-intéressant donné par le docteur Whitehead. (*British med. Journ.*, sept. 1858.)

Obs. VI. — Un jeune homme qui habitait une chambre tapissée avec un papier sur lequel était déposée une couche épaisse de vert arsenical se résolvant facilement en poussière ne tarda pas à éprouver les symptômes de l'empoisonnement chronique par les arsenicaux : ulcérations aphtheuses des gencives et des amygdales, violente céphalalgie, perte notable des forces, amaigrissement, nausées, vomissements fréquents, anorexie, diarrhée, sommeil inquiet, etc. Comme ces symptômes, d'abord légers, croissaient en intensité et résistaient à tout traitement, le malade fut envoyé à la campagne, et ils disparurent promptement pour reparaître de nouveau quand le sujet retourna dans son appartement. La cessation des accidents ayant encore une fois coïncidé avec une nouvelle absence du malade, l'attention se dirigea sur le papier arsenical. Ce papier fut enlevé, et le jeune homme fut bientôt entièrement guéri.

En présence de ces faits et de tant d'autres exactement semblables, il est bien difficile de ne pas admettre l'action nuisible des verts arsenicaux.

Comme on a pu le remarquer, les phénomènes observés sont surtout ceux de l'intoxication chronique ; ainsi, de l'anorexie, quelquefois des vomissements et de la diarrhée. Mais le plus souvent des irritations très-vives des yeux, des fosses nasales, de la gorge et des bronches avec enrouement, toux sèche ; des éruptions de différentes sortes ; des douleurs erratiques (pseudo-rhumatismes), des vertiges, et par dessus tout l'affaiblissement, une paralysie incomplète du mouvement (parésie) affectant surtout les membres inférieurs, divers accidents du côté de la moelle épinière, une coloration terreuse de la peau, de l'amaigrissement, etc. Ces symptômes résistent avec une grande opiniâ-

treté aux moyens de traitement, s'apaisant et se reproduisant
suivant diverses circonstances, et ne cédant enfin, et d'une manière plus ou moins prompte, suivant l'ancienneté du mal, que
quand les sujets quittent leur logement ou qu'ils en font changer
la décoration.

Les personnes qui subissent le plus aisément l'influence délé-
tère sont d'abord les jeunes enfants, puis les femmes, et en gé-
néral les individus qui vivent habituellement confinés.

De quelle manière se produit l'empoisonnement?

Ici deux opinions sont en présence :

1° L'intoxication a lieu par des émanations gazeuses (proba-
blement de l'hydrogène arsénié) provenant de décompositions
chimiques ;

2° L'intoxication a lieu par l'absorption dans les voies digestives et respiratoires de poussières détachées de la couleur en efflorescence.

1° La première hypothèse est celle qui a donné lieu aux discus-
sions dont nous parlions plus haut. Elle fut d'abord émise par
Gmelin, puis par Basedow (*loc. cit.*) et plusieurs autres, qui recon-
nurent l'odeur de l'hydrogène arsénié ou du cacodyle dans les
appartements dont les habitants avaient été malades. D'après ce
qui a été dit, ce développement d'émanations nuisibles aurait
lieu très-promptement, ou bien, au contraire, après un temps
plus ou moins long, suivant différentes circonstances qui peuvent le favoriser ou le retarder. Les conditions favorables seraient
surtout l'humidité des murs, celle de l'atmosphère ou celle qui
est provoquée par les lavages si usités dans le Nord ; l'action des
gaz de la respiration, des produits ammoniacaux de la tran-
spiration ; les différentes exhalaisons qui se produisent dans les
chambres habitées, par le fait des usages domestiques (cui-
sine, etc.) ; enfin, certaines influences météorologiques, particulièrement l'électricité, la lumière solaire.

Cette hypothèse a été combattue en Allemagne par le professeur Krahmer, à l'aide d'expériences chimiques. C'est vainement
qu'il a fait passer par les solutions de réactifs capables de déceler
la présence de l'arsenic des masses d'air très-considérables qui

avaient traversé un vase contenant du vert arsenical délayé à la
colle. C'est vainement qu'à l'air atmosphérique il a substitué
l'hydrogène, qu'il a dirigé à travers les mêmes réactifs l'air
d'une chambre peinte avec la couleur toxique : les réactifs n'ont
rien accusé; il n'a pas senti l'odeur alliacée (*Deutsch Klinik.*, 43,
1852). En Angleterre, les résultats des expériences de Phillips
(*Journ. de la Soc. des Arts*, 1858, et *Med. Times and Gaz.*, t. II,
p. 275) et de F. A. Abel ont été entièrement négatifs. Ainsi, M. Abel,
renouvelant, mais sur une plus large échelle, les expériences de
Krahmer, a conduit par un appareil renfermant une solution de
nitrate d'argent l'air d'une chambre tapissée avec du papier au
vert arsenical, et qui avait été tenue hermétiquement fermée
pendant trente-six heures. Il a répété la même expérience après
avoir fait brûler dans cette chambre, et pendant plusieurs heures,
trois becs de gaz. Il a aussi dirigé à travers le même appareil,
et pendant plusieurs jours de suite sans interruption, de l'air
chauffé qui avait passé dans un tube de verre contenant des fragments de papier peint avec le vert toxique. Aux fragments de
papier, il a substitué du coton imprégné d'une certaine quantité
de vert en poudre, et toujours sans pouvoir constater la présence
d'un atome d'arsenic. (*Pharm. Journ.*, mai 1858, et *British and
For med. Rev.*, t. XXII, p. 521, 1858.)

Ces différentes recherches sont assurément très-intéressantes,
mais il leur manque quelque chose. Elles n'ont pas été faites
avec l'air des chambres dans lesquelles des accidents avaient été
observés. On le sait bien, ce n'est ni partout ni toujours que les
effets toxiques se font sentir. Enfin, n'oublions pas qu'aux expériences négatives de Krahmer, Phillips et Abel, répondent les
expériences positives de Basedow, de Mohr (*Deutsch Klinik.*, 5,
1853, et *Schmidt's Jahrb.*, t. LXXVII, p. 175), et dans une certaine mesure celles de Halley (*loc. cit.*).

2° L'hypothèse qui attribue les empoisonnements à des poussières détachées des murs ou des papiers réunit assurément beaucoup de probabilités, surtout si l'on songe que, dans les pays où
les accidents ont été signalés, la peinture des murs a lieu le plus
souvent à la colle ; que sur les papiers la couleur est étendue en

couche tellement épaisse qu'elle y offre un aspect velouté, et que l'on n'a pas recours au satinage. Cette opinion a été particulièrement soutenue par Hoffmann et Reimer (*Deutsch Klinik.*, *loc. cit.*) ; Kleist, pharmacien supérieur en Prusse, qui admet les deux modes d'intoxication, fait remarquer l'absence du vernis dans l'emploi usuel de cette belle couleur verte, cette couleur de l'espérance (*Farbe der Hoffnung*), que les Allemands, et plus spécialement dans les classes pauvres, appliquent non-seulement aux murs de leurs chambres pour les égayer, mais encore à une foule d'objets et d'ustensiles à l'usage domestique. Kleist a vu dans des chambres ainsi décorées les meubles couverts d'une poussière verte très-ténue. (*Canstatt's Jahrb.*, t. VII, p. 59, 1854.) Enfin, Phillips, qui rejette l'hypothèse des émanations gazeuses, croit que les accidents observés étaient dus aux poussières. Notons, en effet, que dans plusieurs cas on a signalé l'état d'efflorescence de la couleur. Du reste, l'influence de ces poussières a été rendue manifeste par les accidents observés chez des ouvriers qui avaient gratté les murs des chambres dont nous parlons ; récemment, à Paris, chez des couturières qui avaient confectionné une robe de bal en gaze colorée en vert par l'arsénite de cuivre, lequel s'en détachait sous forme pulvérulente, et dans quelques autres cas analogues. (Chevallier, *Journ. de chim. méd.*, 1857 et 1858.)

Si j'ai autant insisté sur ces détails, c'est qu'il s'agit là de faits peu connus en France, et qu'il est toujours important d'attirer l'attention des médecins sur l'action de certaines causes capables de produire des accidents morbides dont le point de départ reste trop souvent méconnu, au grand préjudice des malades.

3° *Effets locaux déterminés par les verts arsenicaux.*

Des éruptions de vésicules et de pustules, suivies parfois d'ulcérations très-douloureuses, de gonflements érythémateux, etc., peuvent se montrer sur les parties de la peau en contact avec les arsénites de cuivre. Ces phénomènes purement locaux, observés chez les ouvriers qui préparent le vert arsenical et chez ceux qui peignent et satinent les papiers de tenture au moyen de cette substance, furent décrits pour la première fois en 1845 par M. le docteur Blandet. (*Journ. de méd.* de M. Beau, t. III, p. 112, 1845.) Ce travail, assez court, mais renfermant les principaux faits relatifs aux éruptions occasionnées par le vert arsenical, fut bientôt suivi du remarquable mémoire inséré par M. Chevallier dans les *Annales d'hygiène* (t. XXXVIII, p. 96, 1847). Ce savant chimiste traita la question au double point de vue industriel et hygiénique, et montra que les accidents signalés par M. Blandet ont lieu réellement, mais qu'ils ont peut-être été exagérés. Ces recherches étaient restées sinon oubliées, du moins peu connues, quand M. Follin publia (*Archiv. génér. de méd.*, décembre 1857) une observation très-complète et très-détaillée relatant les divers désordres observés chez un ouvrier occupé à la préparation du vert de Schweinfurt.

M. Imbert Gourbeyre prit occasion de ce fait pour montrer, à l'aide de nombreuses citations (Voy. *Moniteur des hôpitaux*, décembre 1857), que des éruptions de différentes formes ne sont pas rares dans l'intoxication arsenicale, qu'elles ont été notées depuis longtemps, et il reproche à M. Follin d'avoir cru le fait nouveau *sur la foi* de M. Blandet. Il est à regretter que le savant professeur de Clermont, avant d'adresser ce blâme indirect à M. Blandet, n'ait pas pris la peine de relire assez attentivement le travail de ce dernier ; il y aurait vu que M. Blandet ne donne nullement le fait comme nouveau, puisqu'il commence ainsi les réflexions dont il accompagne la première observation qu'il rapporte : « *Il n'est pas rare,* dit-il, de voir le coryza initial et la sputation dans l'empoisonnement interne ; le gonflement du nez et des lèvres a été observé chez l'assassin Soufflard ; l'*éruption de papules et de vésicules* est commune à l'empoisonnement externe et interne. »

A M. Blandet revient très-réellement l'honneur d'avoir le premier, chez nous, décrit les manifestations cutanées observées chez les personnes en rapport avec le vert de Schweinfurt, *en tant que maladie professionnelle*. Nous avons donné un extrait de l'ouvrage du docteur Brockmann (*Monit. des hôpit.*, janvier 1858) relatif aux éruptions qui se montrent chez les ouvriers occupés au grillage des minerais arsénifères du Harz ; enfin, tout récemment M. le docteur de Pietra-Santa a communiqué à l'Académie des sciences un travail sur le même sujet (*Ann. d'hyg. publiq.*, octobre 1858), et c'est encore sur des personnes employées à la préparation du vert et des papiers peints qu'ont porté ses recherches.

Nous venons de rencontrer quelques faits analogues, mais développés dans des conditions qui n'avaient pas encore été signalées.

Voici ce dont il s'agit :

Dans quelques ateliers de fleuristes, on emploie, au lieu de pièces artificielles en papier ou en étoffe, des tiges de graminées naturelles sèches et munies de leurs graines. On les trempe dans une couleur verte qui, chez plusieurs fabricants, n'est autre que le vert arsenical de Schweinfurt préparé à l'essence de térébenthine, comme pour la peinture ordinaire ; puis les ouvrières les montent et les rassemblent à l'aide de fils de soie sur des tiges flexibles de laiton pour en former des espèces de grappes flottantes destinées à l'ornement des chapeaux de dames. Ces graminées ainsi colorées étant mises en œuvre alors qu'elles sont encore humides ou saupoudrées au moyen d'un tamisage de ce même vert réduit en poudre, il en résulte que les ouvrières ont les doigts couverts d'une couche plus ou moins épaisse de la couleur arsenicale qu'elles portent incessamment à leur visage, à leur cou, etc. De là sur les parties contaminées des éruptions dont nous allons parler. Les *trempeurs* (ce sont ordinairement des hommes qui font cette opération), soumis aux mêmes influences, sont assujettis aux mêmes inconvénients, et le contact des doigts avec les organes génitaux en urinant, etc., y détermine le développement des mêmes éruptions.

Examinons quelques-uns de ces faits.

Obs. I. — Vermer (François-Léon), âgé de dix-sept ans, petit, contrefait, scrofuleux, est entré à l'hôpital Saint-Louis, dans le service de M. Bazin, le 27 septembre 1858. Il était occupé depuis huit jours seulement chez le sieur Balny, fabricant de fleurs, faubourg Saint-Martin, n° 108, à tremper les graminées dans un pot de couleur verte arsenicale.

Dès le second jour de ce travail, le tour de la bouche et des ailes du nez, puis le menton, sont devenus le siége d'une éruption de pustules rouges à la base, assez semblables, pour la forme et pour le volume, à celles de l'impétigo. Ces pustules n'ont pas tardé à se recouvrir de croûtes d'un jaune grisâtre, mamelonnées, opaques.

Le gland est recouvert de vésicules; à la racine de la verge, à son union avec le scrotum et sur le raphé, existe une ulcération ayant succédé à une pustule; une autre ulcération tout à fait semblable se voit sur le côté externe du scrotum du côté droit. Ces ulcérations, de la grandeur d'une pièce de dix sous, sont tout à fait superficielles, très-nettement taillées dans la peau, qui à l'entour conserve sa consistance et sa couleur naturelles; le fond en est légèrement jaunâtre. A la face interne et supérieure des cuisses, existe de chaque côté une plaque d'érythème papuleux d'un rouge framboisé, de la grandeur de la paume de la main, et accompagné de démangeaisons.

Des bains d'amidon, de simples pansements avec le cérat, ont fait prompte justice de ces accidents. Le malade est sorti parfaitement guéri le 15 octobre.

Obs. II. — Vermer (Célestine), âgée de quinze ans et demi, sœur du précédent, forte, bien constituée, d'une bonne santé habituelle, entre le 25 septembre dernier dans le pavillon Sainte-Foi, service de M. Bazin.

Cette jeune fille travaillait depuis cinq semaines seulement dans l'atelier du sieur Balny à monter les graminées teintes au vert arsenical. Les accidents se sont manifestés au bout de quelques jours de travail par des pustules autour des ailes du nez. Ces pustules se sont promptement recouvertes de croûtes d'un jaune grisâtre tout à fait semblables à celles que nous venons de décrire. A la nuque, au niveau de la naissance des cheveux, on voit aussi quelques pustules et une ulcération de la grandeur de l'ongle du pouce environ, à bords rougeâtres, sans dureté, taillés à pic, à fond jaunâtre. Les mains, les avant-bras, présentent des pustules disséminées, mêlées çà et là de papules.

Les mêmes moyens de traitement que dans le cas précédent amenèrent très-promptement la détersion de l'ulcère de la nuque et la guérison des plaques impétigineuses.

Elle sort guérie le 15 octobre.

Obs. III. — Lefebvre (Marie), âgée de vingt-deux ans, demeurant à la Chapelle, rue de la Chapelle, n° 22, est entrée à Saint-Louis, pavillon Sainte-Foi, service de M. Bazin, le 25 septembre 1858.

Cette jeune fille, d'une constitution assez chétive et ne paraissant pas son âge, présente quelques traces de l'affection scrofuleuse ; au total, cependant, elle jouit d'une assez bonne santé. Elle travaille chez le sieur Balny depuis trois ans. Pendant ces trois années elle a été atteinte à plusieurs reprises des éruptions dont nous venons de parler, c'est-à-dire de pustules, bientôt recouvertes de croûtes, le plus ordinairement au visage, autour des ailes du nez, au menton ou aux mains et aux avant-bras. Ces accidents se dissipaient dans l'espace de quelques jours, sans autre traitement que de simples lotions, et au bout de sept à huit ou dix jours de repos, elle pouvait reprendre son travail. La dernière atteinte qui a motivé son entrée à Saint-Louis a été plus grave. Vers la fin du mois d'août dernier, il se fit sur les parties latérales de plusieurs doigts des deux mains des éruptions de pustules qui, n'ayant pas été soignées, se convertirent en ulcérations très-douloureuses ; des pustules semblables se formèrent à la circonférence des ailes du nez, s'étendant jusque sur les joues. A la rupture de ces pustules succédèrent des croûtes analogues à celles de l'impétigo, une éruption tout à fait semblable se développa sur le menton.

Lorsque je vis la malade, le 27 septembre, ces éruptions occupaient le siége que nous venons d'indiquer ; elles étaient recouvertes de croûtes mamelonnées d'un jaune grisâtre ou verdâtre, dont l'aspect rappelait celui des croûtes que l'on rencontre dans les syphilides pustuleuses.

Il y avait sur les parties latérales des doigts de la main droite et de la main gauche des ulcérations arrondies de 5 à 6 millimètres de diamètre, dont les bords durs, d'un rouge foncé, étaient taillés à pic ; le fond était tapissé d'une pulpe jaune-grisâtre. Une de ces ulcérations, plus profonde que les autres, existait à la commissure qui réunit l'annulaire au médius de la main gauche, simulant au premier aspect une ulcération vénérienne. Ces diverses solutions de continuité sont le siége d'une douleur cuisante quand elles sont restées pendant quelque temps au contact de l'air.

Le même traitement que celui des deux autres malades suffit pour modifier promptement l'aspect des ulcérations ; les bords pâlirent bientôt, le fond devint rosé, une cicatrice peu apparente se forma, et la malade put sortir le 28 octobre, après un mois de séjour à l'hôpital.

Obs. IV. — Dumêlier (Jenny), âgée de dix-huit ans, bien constituée, d'une excellente santé habituelle, était entrée le 18 août chez le sieur Balny, et bien qu'elle n'eût pas travaillé tous les jours, mais seulement à diverses reprises, elle fut atteinte, vers le 15 septembre, d'une éruption pustuleuse aux mains et aux bras, mais surtout au visage, qui en était couvert comme d'un masque, ainsi que cela se voit souvent chez certains enfants atteints d'*impetigo larvalis*. Les paupières étaient le siége d'un développement de pustules si nombreuses et si rapprochées, que les yeux durent rester fermés pendant sept ou huit jours. Du reste, les conjonctives étaient complètement intactes. Cette malade fut traitée chez elle. Lorsque je vis cette jeune fille, vers la fin d'octobre, elle était guérie, et travaillait dans une autre maison; on voyait encore sur son visage des taches rougeâtres, suites de l'affection qu'elle venait d'éprouver.

Nous n'insisterons pas plus longuement sur les phénomènes pathologiques observés dans ces différents cas; ils ne diffèrent pas de ceux qui ont été notés et décrits par MM. Blandet, Follin et Pietra-Santa. Nous ferons seulement remarquer la promptitude avec laquelle ils peuvent se manifester et l'extension rapide et considérable qu'ils peuvent prendre. Ces inconvénients font que peu d'ouvrières consentent à s'y soumettre, et qu'elles abandonnent l'atelier après quelques semaines ou quelques mois de séjour, dès que survient une éruption. C'est ce dont j'ai pu me convaincre en visitant à deux reprises, à un mois d'intervalle, l'atelier du sieur Balny. Le personnel se renouvelle continuellement.

Il restait une question importante à résoudre. Les herbes ainsi préparées ne pouvaient-elles pas occasionner chez les personnes qui les portent les mêmes accidents que chez les ouvrières qui les préparent?

Pour m'en assurer, j'ai tenu, appliqué pendant trois jours, sur mon avant-bras, une de ces grappes, la mouillant chaque matin; et à part quelques démangeaisons, déterminées par les frottements des aspérités dont les graminées sont pourvues, je n'ai absolument rien éprouvé. Je me suis assuré, par la même occasion, que la couleur préparée à l'essence de térébenthine tient bien sur la plante et ne se laisse pas délayer par l'eau. Cependant, on a relaté (*Journ. de chim. méd.*, 1857, p. 506) l'observation d'une dame qui, s'étant parée à un bal d'une couronne de ces feuillages, eut les épaules couvertes d'une éruption de boutons très-douloureux.

Les accidents dont nous venons de parler sont-ils dus à un empoisonnement qui aurait seulement ses manifestations à l'extérieur, ainsi que semblerait l'indiquer l'expression d'*intoxication professionnelle* employée par M. Blandet dans son mémoire ?

Je ne crois pas qu'une pareille opinion puisse être soutenue. Les phénomènes produits par l'introduction des composés arsenicaux dans l'économie sont trop connus, trop constants, pour qu'il y ait doute à cet égard. On les retrouve, ces phénomènes, soit sous la forme aiguë, soit sous la forme chronique, dans les cas relatifs à nos deux premières catégories ; mais ici il n'y a rien de semblable.

Quelques ouvrières, cependant, m'ont assuré avoir éprouvé des vomissements, mais passagers, surtout après l'opération du *poudrage*, qui s'accomplit sans précautions, à l'aide d'un tamis, sur les plantes fraîchement trempées, et dans le but de leur donner un aspect mat.

Les arsénites de cuivre nous paraissent agir sur la peau d'une manière qui leur est particulière, et produire des éruptions artificielles assez analogues, pour l'aspect, aux éruptions spécifiques de la syphilis, de même que les applications extérieures d'huile de croton-tiglium donnent lieu à un érythème vésiculeux, celles de tartre stibié à de grosses pustules tout à fait semblables à celles de l'*ecthyma* et quelquefois aussi suivies d'ulcérations, et sans qu'il y ait intoxication proprement dite. En un mot, dans la circonstance qui nous occupe, les verts arsenicaux n'agissent pas comme poisons, mais comme irritants locaux.

En définitive, quelles sont les précautions à prendre, sinon pour empêcher complétement, du moins pour atténuer et rendre moins fréquentes les manifestations cutanées déterminées par les arsénites de cuivre ?

1° Les trempeurs pourraient faire usage de gants de peau ou de caoutchouc.

2° Les ouvrières monteuses, assujetties à un travail plus délicat, plus minutieux et qui exige la conservation du tact, ne pourraient l'accomplir avec les mains gantées. Elles devront donc se borner à des soins de propreté, tels que le lavage répété des mains et du visage avec de l'eau de savon, brossage des ongles avant les repas et avant le départ de l'atelier.

3° Le montage des tiges ne doit avoir lieu que quand les herbes trempées sont parfaitement sèches, la préparation que le vert a subie ne lui permettant ni de se délayer ni de se détacher.

4° Le poudrage pourrait être interdit, ou du moins il ne devrait avoir lieu qu'à l'air libre ou dans une pièce séparée de l'atelier, et pour la personne qui fait cette opération, avec un voile de gaze sur la figure.

5° Il reste encore une question que nous devons réserver : serait-il possible de substituer au vert arsenical, dans l'industrie des fleurs, une couleur complétement inoffensive et aussi belle ? On a déjà proposé le mélange d'indigo avec le jaune de curcuma. Il y a là des essais à tenter.

www.ingramcontent.com/pod-product-compliance
Lightning Source LLC
Chambersburg PA
CBHW050429210326
41520CB00019B/5857